NATIONAL GEOGRAPHIC

Peldaños

EXPLORAR
LOS
ARRECIFES
DE CORAL

T0308471

2 **Aventura en el arrecife de coral** *Artículo de referencia*
por Glen Phelan

12 **La Gran Barrera de Coral** *Artículo científico*
por Glen Phelan

18 **Bucear en Belice** *Narrativa personal*
por Joe Baron

26 **Salvar los arrecifes de coral** *Lectura de opinión*
por Joe Baron

32 **Comenta**

Lee para descubrir cómo se forman los arrecifes de coral y cómo los animales están adaptados para vivir en estos lugares.

Aventura
en el arrecife de coral

por Glen Phelan

¿Cuál es el hogar de animales más grande que se te ocurre? Quizá te venga a la mente un nido de águila. Algunos nidos miden más de 3 metros (10 pies) de ancho. ¡Es suficientemente grande para sostenerte junto con un par de amigos! ¿O qué te parece un montículo de termitas? Algunos miden 9 metros (30 pies) de alto. Los hogares de las águilas y las termitas son impresionantes, pero no son nada en comparación con los campeones de la construcción de hogares. Ese título va para los **pólipos coralinos**. Muchos pólipos coralinos no son más largos que una goma de borrar, aún así, construyen **arrecifes de coral**, los hogares animales más grandes de la Tierra. ¡Algunos arrecifes son tan grandes que se pueden ver desde el espacio! ¿Cómo hacen unos animales tan pequeños para construir algo tan grande?

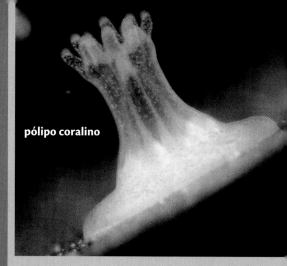

pólipo coralino

La mayoría de los pólipos coralinos forman colonias. Hay miles de pólipos que viven uno junto al otro en estas colonias. Los pólipos que construyen arrecifes de coral tienen cuerpo blando, pero cada uno forma un esqueleto externo duro. Cuando los pólipos mueren, sus esqueletos persisten. Luego, los pólipos jóvenes que nadan libremente se adhieren a estos esqueletos y forman su propio esqueleto. ¿Ves el patrón? Cada generación de pólipos crece encima de la anterior, y capa por capa se desarrolla un arrecife de coral rocoso.

Datos sobre el arrecife de coral

- Un pólipo coralino usa sus tentáculos para aguijonear a animales diminutos que están a la deriva. Los tentáculos luego llevan este alimento a la boca del pólipo.

- Los corales que construyen arrecifes tienen otra fuente de alimento. Las algas diminutas que viven dentro del cuerpo de un pólipo coralino. Como las plantas, las algas usan la energía de la luz solar para producir azúcares. Los pólipos usan algunos de los azúcares como alimento.

- Cada tipo de alga le da a los pólipos coralinos un color diferente.

Las algas dependen de la luz solar. Por lo tanto, los corales que construyen arrecifes crecen mejor en aguas poco profundas donde la luz solar llega al fondo del océano.

- Los arrecifes de coral se forman principalmente en agua cálida y transparente.

- Los arrecifes de coral se forman lentamente. La mayoría de ellos tienen de 5,000 a 10,000 años de antigüedad. Algunos se han estado formando por millones de años.

- Los arrecifes de coral tienen una variedad de vida asombrosa. Solo los bosques tropicales tienen más **biodiversidad**.

Explorar los tipos de arrecifes

Los arrecifes de coral forman un tipo de **ecosistema** que incluye a todos los seres vivos y los objetos inertes de un área y cómo interactúan. Los arrecifes son ecosistemas fascinantes, así que, ¡explorémoslos! Visitaremos tres arrecifes del mundo. Nuestro primer destino: el medio del océano Pacífico.

Atolón Palmyra

Desde lo alto divisas una mancha verde. A medida que tu avión desciende, la mancha se hace más grande. Es el **atolón** Palmyra. Un atolón es un arrecife que rodea una laguna poco profunda. En Palmyra, la arena se acumuló sobre la superficie del agua. Las aves anidan en la vegetación que hay allí. Grandes cangrejos cocoteros trepan los árboles. Pero un mundo completamente diferente yace justo debajo de las olas. Ajustémonos nuestro equipo de buceo y sumerjámonos.

 Atolón Palmyra

laguna

arrecife

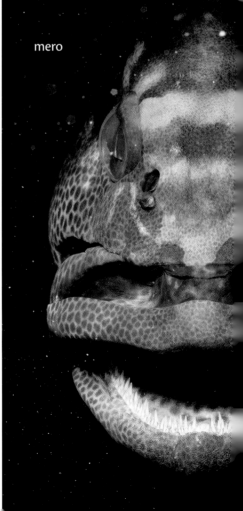

mero

> Este mero se mimetiza con el fondo del arrecife. Espera inmóvil hasta que los peces pasen por allí. Luego usa su boca doblada hacia arriba para tragar su alimento de un bocado.

pez loro jorobado

⋀ Como muchos peces del arrecife, el pez loro jorobado tiene partes del cuerpo con **adaptaciones** para comer ciertos alimentos. El pez usa su gran cabeza para romper en pedazos el coral. Luego usa los dientes para aplastar el coral y obtener las algas y el pólipo que tiene dentro. El coral triturado deja el cuerpo del pez y se convierte en parte de la arena que la corriente arrastra a las playas del atolón.

⋁ Los peces mariposa tienen una boca pequeña que sobresale. La forma de la boca hace que sea más fácil para ellos picotear los pólipos coralinos, los gusanos, los camarones y otros animales diminutos.

pez mariposa

Franja de arrecife del Mar Rojo

Ahora nos dirigimos hacia el oeste desde el medio del océano Pacífico hasta las costas del Mar Rojo. Aquí los arrecifes forman un borde o franja junto a la costa. La mayoría de las **franjas de arrecife** crecen justo pegadas a la costa. Otras se forman cerca de la costa. Es emocionante explorarlas a todas.

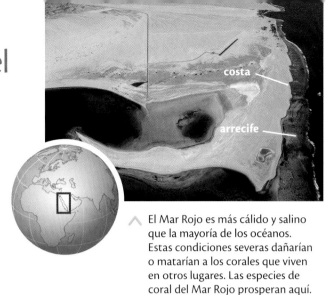

costa

arrecife

El Mar Rojo es más cálido y salino que la mayoría de los océanos. Estas condiciones severas dañarían o matarían a los corales que viven en otros lugares. Las especies de coral del Mar Rojo prosperan aquí.

Si ves este pez de aspecto raro, ¡no lo toques! Las espinas grandes del pez león son venenosas. Advierten a los depredadores que se alejen.

pez león

pez ballesta Picasso

Imagina que haces el modelo de un pez y lo pintas con los colores y los patrones que quieras. Terminaría pareciéndose a esta belleza del Mar Rojo.

¿Cuál es una gran diferencia entre los peces de un arrecife y los peces del océano abierto? ¡El color! La mayoría de los peces de aguas abiertas son plateados o azules grisáceos. Muchos peces del arrecife, como este cirujano de cola amarilla, tienen colores brillantes. Los colores y los patrones poco comunes ayudan a los peces a mimetizarse con los corales. Esta adaptación los ayuda a esconderse de los depredadores.

cirujano de cola amarilla

Barrera de Coral de Belice

Continuemos nuestro paseo. La costa de Belice, un país centroamericano, aparece a la vista. Exploraremos la **Barrera de Coral** de Belice. Una barrera de coral se extiende a lo largo de una costa. Este tipo de barrera puede formar una barrera para los barcos y las olas grandes, ¡pero no es una barrera para los buzos! Echemos un vistazo.

Hay algo interesante donde sea que mires. Un cardumen de peces mariposa pasa nadando y un pez ángel real mordisquea un coral. Todo parece pacífico. De repente un tiburón del arrecife nada a toda prisa hacia el pez ángel. El pez ángel hace un giro rápido y se esconde entre los corales. El tiburón no puede girar tan rápido, por lo tanto, busca alimento en otro lado.

La Barrera de Coral de Belice es la barrera de coral más larga del hemisferio Norte. Se extiende 260 kilómetros (161 millas).

pez ángel real

Muchos peces del arrecife tienen un cuerpo aplanado, como un panqueque de costado. Este pez ángel real es un ejemplo perfecto. La forma de su cuerpo no está hecha para la velocidad, está hecha para movimientos rápidos, paradas repentinas y para esconderse entre las rocas y el coral. La forma de su cuerpo es una adaptación que lo ayuda a escapar de sus depredadores.

Un tiburón del arrecife está hecho para la velocidad. Su forma estilizada, junto con su poderosa cola y aletas, lo ayudan a nadar a altas velocidades. El atún, el pez espada y muchos otros peces del océano abierto también tienen estas adaptaciones.

tiburón del arrecife

Nombra al coral

Podrías pasarte años explorando arrecifes y verías solo una pequeña parte de la increíble biodiversidad de estos lugares. Los arrecifes son el hogar de aproximadamente 700 especies de corales y 4,000 especies de peces. ¿Qué nombre te gustaría ponerles a algunos de estos corales? No te preocupes, es divertido. Muchos peces del arrecife llevan su nombre por su aspecto, y lo mismo sucede con los corales. Fíjate si puedes unir estos corales con su nombre. Las respuestas se muestran al final de la página, pero ¡sin hacer trampa!

A. coral cerebro

B. coral cuerno de alce

C. coral estrella

D. coral hoja de lechuga

E. coral de copa naranja

F. coral abanico de mar

G. coral cuerno de ciervo

H. coral mesa

1. Los pólipos viven en ambos lados de las "hojas" de este coral.

2. Sus ramas pueden crecer hasta 2 metros (6.5 pies) de largo.

3. Los pólipos de este coral son enormes, del tamaño de un pulgar.

4. La mayoría de las colonias de coral viven unas pocas décadas. Esta vive hasta los 900 años.

5. La forma de este coral expone tanto de su superficie a la luz solar como es posible.

6. Este tipo de coral también se llama coral sol.

7. Este es un coral blando porque no tiene esqueleto duro de piedra caliza.

8. Este coral de rápido crecimiento crece de 5 a 10 centímetros (de 2 a 3.9 pulgadas) por año.

Compruébalo

¿Cómo están adaptados los diferentes peces del arreci a la vida en los ecosistemas de arrecifes de coral?

Lee para descubrir cómo algunos seres vivos interactúan en la Gran Barrera de Coral.

LA GRAN BARRERA DE CORAL

por Glen Phelan

Relaciones entre arrecifes

¿Qué tienen en común el Gran Cañón y la Gran **Barrera de Coral**?
Ambos figuran en la lista de las siete maravillas naturales del mundo. Si
alguna vez viste el Gran Cañón, sabes por qué está en la lista. Es espectacular.
¡Lo mismo sucede con la Gran Barrera de Coral!

¿Qué tiene de especial la Gran Barrera de Coral? Es el sistema de arrecifes
más grande del mundo, y la estructura más grande que hayan construido
organismos vivos. No es un solo arrecife, sino un conjunto de 3,000 arrecifes,
aproximadamente. Juntos se extienden más de 2,000 kilómetros
(1,250 millas) a lo largo de la costa noreste de Australia.

Gran Barrera de Coral
Patrimonio de la Humanidad

Mar del Coral

Gran Barrera de Coral

AUSTRALIA

Canberra · Sídney
Melbourne ·

Mar de Tasmania

N
O · E
S

0   300   600 Millas
0   300   600 Kilómetros

La Gran Barrera de Coral tiene una **biodiversidad** increíble. Hasta ahora los científicos han identificado allí aproximadamente 400 especies de corales, más de 1,500 especies de peces y miles de otras criaturas. Además, nuevos tipos de organismos se descubren todo el tiempo. Durante un estudio reciente, los científicos descubrieron cientos de organismos desconocidos. Uno nunca sabe lo que encontrará en el arrecife.

13

COMPETIDORES Y SOCIOS

La Gran Barrera de Coral parece un jardín subacuático hermoso. Pero para los organismos que viven allí, es un campo de batalla. Las algas compiten por la luz solar. Los peces y otros animales compiten por los alimentos, el refugio y las parejas. Los organismos usan sus **adaptaciones** físicas y del comportamiento para vencer a sus competidores. Y estas adaptaciones crean algunas interacciones subacuáticas muy poco comunes.

Los peces mariposa de montura se alimentan de algas, pero también les gustan las anémonas marinas. La picadura venenosa de los tentáculos de la anémona no afecta a los peces mariposa, quienes las despedazan y se las comen. ¿Qué posibilidad tienen las anémonas? ¡Los peces payaso al rescate! Los peces payaso también son inmunes al veneno de la anémona y viven entre sus tentáculos. Eso no le molesta a la anémona, porque los feroces peces payaso espantan a los peces mariposa. Los colores brillantes del pez payaso atraen a peces más pequeños hacia la anémona. Luego la anémona aguijonea, paraliza y se come a esos peces. El pez payaso se come las sobras. Los peces payaso y las anémonas son socios en este competitivo mundo subacuático.

Hablando de socios, no hay mejor socio que el lábrido limpiador azul. El lábrido usa sus marcas y movimientos para atraer peces que necesitan que los limpien. Peces más grandes dejan que el lábrido limpiador azul mordisquee los parásitos que viven en ellos. Por lo tanto, el lábrido limpiador azul obtiene alimento y los otros peces se deshacen de sus parásitos. Esta es una de las tantas sociedades perfectas en la Gran Barrera de Coral.

Un pez payaso nada sin hacerse daño entre los tentáculos aguijoneantes de la anémona marina.

Un pez mariposa usa su boca puntiaguda para escarbar en espacios pequeños en busca de alimento. También puede apresar un tentáculo de una anémona marina.

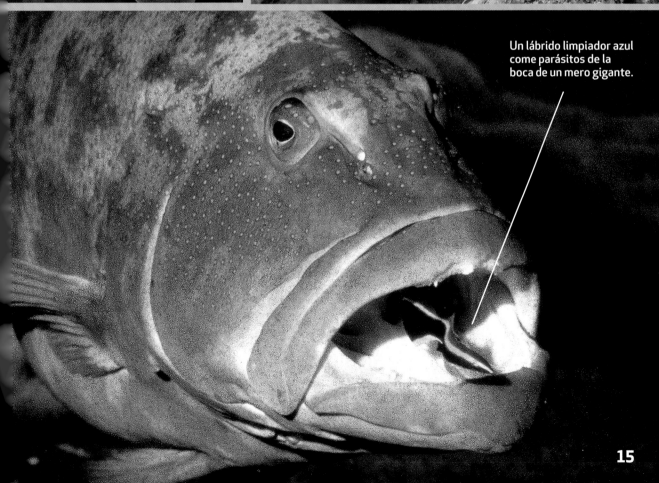

Un lábrido limpiador azul come parásitos de la boca de un mero gigante.

COME O TE COMEN

Coloca tus palmas muy cerca de los costados de tu cara. ¿Sientes el calor que sale de tus manos? Lo creas o no, lo que sientes es energía del sol. Las plantas usan la energía de la luz solar para producir su propio alimento. Obtenemos energía del sol cuando comemos plantas o cuando comemos animales que han comido plantas. Tu cuerpo usa esa energía para mantener tus células en funcionamiento, para moverse y para mantenerse caliente. Los organismos en la Gran Barrera de

Coral también dependen del sol para obtener energía. Cuando esta energía entra en el ecosistema a través del plancton vegetal, las algas o las plantas, pasa de un organismo a otro. El resultado es una **red alimenticia** que muestra quién se come a quién. Este diagrama muestra unas cuantas de estas relaciones alimenticias.

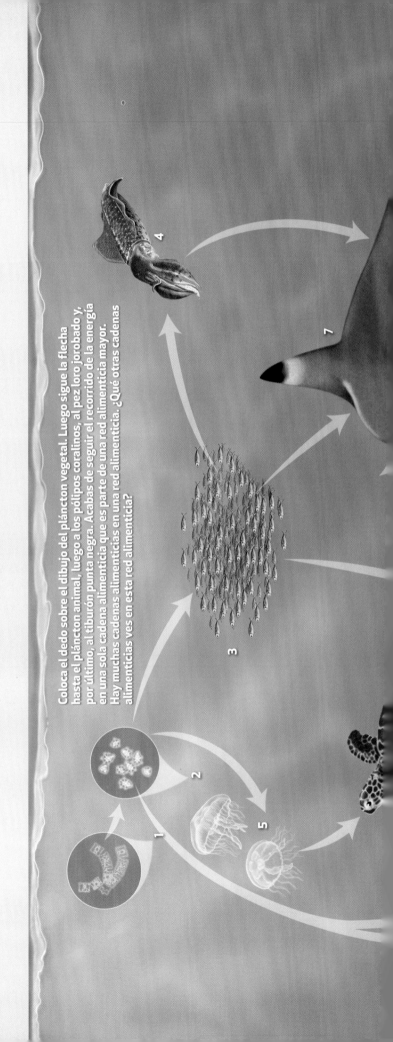

Coloca el dedo sobre el dibujo del plancton vegetal. Luego sigue la flecha hasta el plancton animal, luego a los pólipos coralinos, al pez loro jorobado y, por último, al tiburón punta negra. Acabas de seguir el recorrido de la energía en una sola cadena alimenticia que es parte de una red alimenticia mayor. Hay muchas cadenas alimenticias en una red alimenticia. ¿Qué otras cadenas alimenticias ves en esta red alimenticia?

1. plancton vegetal
2. plancton animal
3. espadín
4. calamar manopla
5. medusa común
6. tortuga carey
7. tiburón punta negra
8. pulpo del día
9. esponja
10. pez ángel real
11. pez loro jorobado
12. corona de espinas
13. coral cuerno de ciervo
14. coral cerebro
15. pólipo coralino
16. langosta mantis
17. erizo de mar
18. pez ballesta titán
19. algas

Compruébalo Describe tres ejemplos de relaciones en la Gran Barrera de Coral.

Bucear en Belice

por Joe Baron

Samantha Brown va a bucear

¿Puedes imaginarte que te paguen por viajar por todo el mundo? Samantha Brown conduce un programa de televisión sobre viajes y muestra a sus televidentes lugares exóticos alrededor de todo el mundo. Cada vez que veo su programa, quiero subirme de un salto a un avión y ver los mismos paisajes. En un episodio, Samantha visitó la ciudad de San Pedro, Belice, en Centroamérica, e hizo un viaje de buceo al **arrecife de coral** que corre junto a la costa. El guía de Samantha, Alfonse Graniel, creció buceando en el arrecife y ha estado mostrando las maravillas del arrecife por años.

Mientras Samantha y Alfonse navegaban al arrecife, Samantha presentó a sus televidentes el arrecife de coral de Belice, la segunda **barrera de coral** más grande del mundo. Alfonse explicó que el arrecife de coral está formado por organismos vivos. Con el tiempo, los corales crecen hasta la superficie del agua, y han estado allí por cientos de años.

Cuando Samantha y Alfonse llegaron al lugar de buceo, Samantha confesó un secreto: ¡tenía miedo de sumergirse! Alfonse dijo que era muy seguro y que verían todo tipo de peces, quizá incluso tiburones nodrizas. Le afirmó a Samantha que era seguro nadar con los tiburones nodrizas, aunque tuvieran dientes afilados. Samantha estaba preocupada, pero se tranquilizó cuando vio que Alfonse todavía tenía dos piernas, dos brazos y todos los dedos.

Un tiburón nodriza planea sobre el coral en la Barrera de Coral de Belice. Los tiburones nodriza generalmente no hacen daño a las personas. Otros tiburones pueden ser peligrosos.

Alfonse se sumergió primero. Samantha tuvo que juntar coraje y luego, finalmente, ¡SPLASH! Se metió. De inmediato, Alfonso señaló que había cinco tiburones nodriza cerca. Samantha se aferró a Alfonse mientras se reía y gritaba al mismo tiempo. Alfonse le pidió que respirara con calma y lentamente por el tubo de buceo. Dijo que debía respirar normalmente, poner la cara en el agua y relajarse. Pronto Samantha se deslizaba suavemente por el agua. Alfonse la tomó de la mano y la guió mientras experimentaba uno de los mejores buceos del mundo. Como Alfonse había estado viniendo al arrecife desde que tenía doce años, conocía a algunos de los habitantes del arrecife en persona, y ellos parecían conocerlo a él. Samantha llamó a Alfonse "El domador de peces" mientras él sostenía tranquilamente una raya en sus brazos. Samantha se armó de coraje para acariciar a la raya.

Alfonse vive en la ciudad de San Pedro en Belice. Introduce a muchas personas a las maravillas de la Barrera de Coral de Belice.

Alfonse se acerca con cuidado a una raya.

Alfonse ayudó a Samantha a sentirse cómoda en presencia de los tiburones. Se acercó con cuidado a un tiburón y lo sostuvo delicadamente en sus brazos. Samantha se acercó y acarició al tiburón. Pasó la mano por su abdomen y luego por la parte superior de la cabeza. Pensó en el viejo dicho de que hay que enfrentar los miedos, ¡pero no esperaba abrazarlos! ¡Cuando sostenía al tiburón, pensaba que era como un perro grande! Samantha dejó que el tiburón se fuera. Luego se dirigió a Alfonse y chocaron las manos. Samantha se había enfrentado a sus miedos, ¡y tuvo una gran experiencia de buceo!

"Pensó en el viejo dicho de que hay que enfrentar los miedos, ¡pero no esperaba abrazarlos!".

Un tiburón nodriza nada con jureles. Estos son solo unos cuantos de los peces que se pueden ver en el arrecife.

Joe Baron va a bucear

No fui a bucear al Caribe hasta que fui adulto. Fue como si me zambullera en una pecera de peces tropicales. En mis aventuras, he asustado a la cría de un pulpo, alimentado a una voraz raya con atún y recibí un golpe de una barracuda en la cabeza. No es necesario nadar lejos para sumergirse profundamente; personas de todas las edades pueden disfrutar del buceo.

Como la conductora de un programa de viajes en televisión, Samantha Brown, me uní a un grupo de buceo conducido por Alfonse Graniel. Abordamos el barco de Alfonse junto con otro guía, Giovanni. Mientras navegábamos hacia el arrecife, le pregunté a Alfonse sobre las experiencias intimidantes en sus viajes. Me contó sobre un buzo que le tomaba fotos a un tiburón. El tiburón se acercaba cada vez más y ¡PAF! ¡Le arrebató la cámara de las manos al hombre! El hombre estaba tan asustado que corrió a través de la superficie del agua como un lagarto basilisco. Comencé a maravillarme con los relatos de Alfonse.

Es importante poder ver claramente a través de la máscara. Se debe ajustar adecuadamente para que no entre el agua.

El abanico de mar es uno de los muchos tipos de corales que se encuentran en la Barrera de Coral de Belice.

Alfonse dijo que se puede usar una luz brillante de noche y ver cómo se alimentan los **pólipos coralinos.** Extienden sus tentáculos y capturan organismos diminutos en el agua. Muchos tipos de criaturas se alimentan de noche. El consejo de Alfonse: es fácil no tener miedo. Si ves algo atemorizante que se acerca a ti en la oscuridad, apaga tu luz y no lo verás más. Me seguí maravillando con los relatos de Alfonse.

Cuando llegamos al arrecife, Alfonse nos dio algunas instrucciones: mantén el cuerpo horizontal la mayor parte del tiempo. De ese modo, puedes acercarte al coral sin hacerte daño o hacerle daño al coral. Además, debes tener una vista clara a través de tu máscara. Giovanni comenzó a frotar mi máscara nueva. Dijo que usaba algo que no iba a rayar la máscara. Le pregunté qué era. Y me dijo: "¿Puedes guardar un secreto?". "Sí", respondí. "Yo también", respondió Giovanni. Qué bromista. Más tarde, vi un trozo muerto de abanico de mar en su mano. ¡Así que ese era el material que no rayaba! Pero nunca nadie lo sabrá, porque yo también puedo guardar un secreto.

Una cosa más sobre tu máscara: ¡escupes en ella! Luego se frota la saliva por todo el cristal de la máscara. Esto evita que la máscara se empañe bajo el agua.

SPR-0396   LiL' A

Finalmente, era hora de meterse en el agua. Escupí, me puse la máscara y me puse mis aletas nuevas. Se sentían un poco apretadas. Me incliné en el borde del barco y ¡SPLASH! Estaba rodeado por una verde y brillante pradera marina. Nadamos un poco hasta los corales. Parecía que Alfonse conocía cada rincón del arrecife. Señaló tantos animales maravillosos, que apenas podíamos seguirlo. Tomé fotos de peces y corales coloridos, una tortuga marina y los otros buzos. Incluso obtuvimos un primer plano del tiburón nodriza que sostenía Alfonse.

Demasiado pronto, era hora de volver a tierra. Cuando subíamos a bordo del barco, Alfonse hizo un anuncio. Dijo que alguien había buceado con hormas plásticas en sus aletas, hormas que se deben quitar antes de ponerse las aletas en los pies. Todos nos reímos mucho. ¡Pero puedo decirte que es incómodo dejar esas cosas adentro cuando se bucea!

Alfonse y un compañero de nado, un jurel.

˅ Una tortuga marina nada por la pradera marina cerca del arrecife.

En el camino de vuelta a tierra, me reí de nuevo cuando alguien pisó el asa de un extintor. Una pequeña nube blanca y fría resopló en el fondo del barco. Está bien, yo fui el que pisó el asa. Que sea nuestro secretito.

Mientras navegábamos de vuelta a tierra, el sol y el rocío detrás del barco formaban un arcoíris. Las palmeras ondulaban con el viento y estábamos de vuelta en la ciudad de San Pedro antes de que nos diéramos cuenta. ¡Qué viaje! El estado del tiempo era perfecto, pero el mundo subacuático del arrecife era increíble. Y en este viaje pude sostener un tiburón nodriza, y nadie tuvo que tomarme de la mano. La próxima vez bucearé de noche, ¡pero con la luz encendida!

> *"¡Qué viaje! El estado del tiempo era perfecto, pero el mundo subacuático del arrecife era increíble".*

Joe y un nuevo amigo, un tiburón nodriza.

Compruébalo ¿En qué se parecieron y se diferenciaron los dos viajes de buceo?

GÉNERO Lectura de opinión

Lee para descubrir por qué es importante preservar los arrecifes de coral del mundo.

Salvar
los arrecifes de coral

por Joe Baron

Los **arrecifes de coral** están en peligro debido a las actividades humanas. Los arrecifes se deben proteger. ¿Por qué? Por un lado, los arrecifes de coral son valiosos. Millones de personas que viven cerca de los arrecifes de coral dependen del turismo como fuente de trabajo. Las economías locales dependen del dinero que gastan los turistas. Los arrecifes de coral también son importantes en otros sentidos. Las **barreras de coral** desaceleran las olas poderosas y evitan que las costas se erosionen. Aproximadamente un cuarto de toda la vida marina depende de los hábitats de arrecifes de coral. Millones de personas tienen trabajo y alimento gracias a las langostas, a los peces y a los camarones que viven en los arrecifes.

En la temporada turística que terminó el 12 de junio de 2012, los turistas pasaron aproximadamente 1.92 millones de días en el Parque Marino Gran Barrera de Coral de Australia. Se viaja al arrecife para bucear, pasear en barco y hacer vuelos panorámicos.

La gran variedad de seres vivos o **biodiversidad** en los arrecifes de coral los hace valiosos para las personas. Muchos organismos de los arrecifes producen sustancias químicas que usan para aturdir a sus presas. Algunas de estas sustancias químicas se usan para hacer medicamentos para las personas. Las sustancias químicas de las esponjas marinas se usan para hacer un medicamento para tratar la leucemia, un tipo de cáncer. La toxina de los caracoles cono se usa para fabricar un analgésico que puede ser 1,000 veces mejor que los medicamentos que usamos en la actualidad. Se están desarrollando medicamentos para tratar el asma, la artritis, las infecciones bacterianas y las enfermedades cardíacas. Algunos se refieren al coral como "el botiquín del siglo XXI".

Redes de pesca perdidas o abandonadas pueden dañar los arrecifes de coral y los animales que viven allí. La pesca excesiva es un problema en algunos arrecifes de coral.

La pesca con explosivos mata peces y destruye secciones del arrecife de coral.

Una corona de espinas come pólipos de coral. Estas estrellas de mar causan mucho daño a los arrecifes de coral.

Las actividades de las personas están dañando los arrecifes de coral. Tanto cerca del océano como tierra adentro, las personas contribuyen al problema. Cuando se queman combustibles fósiles como el carbón, el petróleo y el gas natural, se agregan gases de efecto invernadero a la atmósfera. Esto contribuye al cambio climático. Conforme los océanos se calientan, los **pólipos coralinos** expulsan los tipos de algas útiles que viven en su cuerpo naturalmente. Estas algas brindan a los pólipos parte de su alimento. Sin las algas, los pólipos tienen menos alimento, y los corales se ven blancos. Esto se llama blanqueo de coral.

Los fertilizantes, los pesticidas y los aceites pueden llegar a los ríos y luego al océano. La contaminación de los fertilizantes puede causar un crecimiento excesivo de tipos de algas dañinas que asfixian a los pólipos de coral. Esta contaminación puede aumentar la población de coronas de espinas, que se comen a los pólipos marinos. Cuando el suelo erosionado llega al mar, se puede depositar en el arrecife. Esto evita que los pólipos obtengan luz y nutrientes.

Las personas que están cerca del agua también pueden dañar los arrecifes. Algunos buzos caminan sobre el coral o se llevan el coral de los arrecifes. Algunos aficionados a la navegación echan sus anclas sobre los arrecifes. Algunos pescadores pescan en exceso, usan cianuro venenoso o pescan con explosivos. Esto puede hacer desaparecer poblaciones de peces y dañar los arrecifes.

El agua extraordinariamente cálida puede causar el blanqueo del coral. A veces los corales se pueden recuperar. Pero si las condiciones son severas, los corales pueden morir.

Aproximadamente un tercio de los arrecifes del mundo están en peligro de morir. Alrededor de un décimo de los arrecifes del mundo ya están muertos. Los expertos dicen que para el año 2050, tres cuartos de los arrecifes de coral de la Tierra podrían haber desaparecido. Hay cosas que podemos hacer para prevenir esto aunque no vivamos cerca de un arrecife de coral. Si actuamos, podemos disfrutar de estas maravillosas estructuras por mucho tiempo.

Este buzo usa cianuro, un veneno, para aturdir a los peces del arrecife. El cianuro daña muchos organismos del arrecife de coral. La pesca con cianuro es ilegal en muchos lugares. A menudo, las leyes no se hacen cumplir como corresponde.

¿Qué PUEDES hacer para
AYUDAR A SALVAR
los arrecifes de coral?

✚ Conserva el agua. Cuanto menos uses, menos contaminación llegará al océano.

✚ Camina, monta en bicicleta o viaja en autobús. Esto reduce la contaminación que producen los carros que queman combustibles fósiles. Planta árboles para reducir los gases de efecto invernadero.

✚ No comas peces que se han pescado en exceso en los arrecifes de coral. Busca en Internet listas de mariscos recomendados.

✚ Si visitas un arrecife de coral, bucea responsablemente. No toques el arrecife. No te lleves muestras. Ancla los barcos lejos de las formaciones coralinas.

✚ Háblales a las personas sobre los arrecifes de coral y sobre cómo protegerlos. Apoya a los Gobiernos y a los grupos que crean áreas marinas protegidas.

Compruébalo ¿Cuál crees que es la razón más importante para salvar a los arrecifes de coral?

Comenta

1. ¿Qué información en "Aventura en el arrecife de coral" te ayudó a comprender mejor las otras tres lecturas de este libro?

2. Describe las diferencias entre un atolón, una franja de arrecife y una barrera de arrecife.

3. Describe cómo la energía de la luz solar se transfiere a través de una red alimenticia en la Gran Barrera de Coral.

4. En "Bucear en Belice", ¿cuáles son algunos detalles que hacen que las dos experiencias de buceo sean diferentes?

5. ¿Cuáles son algunos tipos de contaminación que afectan a los arrecifes de coral? ¿Cómo afectan estos tipos de contaminación a los arrecifes de coral?

6. ¿Qué te sigues preguntando sobre los arrecifes de coral y cómo protegerlos? ¿Qué investigación puedes hacer para saber más?